Bucket List

ADVENTURE AWAITS

Name _____

Phone _____

Email _____

OUR BUCKET LIST

Dedication

This Bucket List journal is dedicated to all the adventurous people who want to plan and memorialize their travels.

You are my inspiration for producing this book and I'm honored to be a part of planning, organizing and journaling your great adventures.

HOW TO USE THIS BOOK

This Bucket List book will help guide you through the planning process for upcoming activities, organizing plans and documenting your journey. Plus, a space to rate your Bucket List adventures.

Here are examples of the prompts you will use for recording your ideas, documenting your challenges and triumphs along the way:

1. Fill In - your personal information

2. Fill in - planning pages: title, how, when, where and with who

3. Plan - your ideas

4. Log - your memories

5. Fill in - the best part of your adventure

6. Rate - your experience

Bucket List # _____

Title _____
How _____
When _____
Where _____
Who _____

Planning Ideas

Memories

The Best Part

Completed ☐   Rating ☆ ☆ ☆ ☆ ☆

I would do this again?   Yes ☐   No ☐

Bucket List # _____

Title _____
How _____
When _____
Where _____
Who _____

Planning Ideas

Memories

The Best Part

Completed ☐   Rating ☆ ☆ ☆ ☆ ☆

I would do this again?   Yes ☐   No ☐

Bucket List # _____

Title _____
How _____
When _____
Where _____
Who _____

Planning Ideas

Memories

The Best Part

Completed ☐   Rating ☆ ☆ ☆ ☆ ☆

I would do this again?   Yes ☐   No ☐

Bucket List # _____

Title _____
How _____
When _____
Where _____
Who _____

Planning Ideas

Memories

The Best Part

Completed ☐   Rating ☆☆☆☆☆

I would do this again?   Yes ☐   No ☐

Bucket List # _____

Title _____
How _____
When _____
Where _____
Who _____

Planning Ideas

Memories

The Best Part

Completed ☐   Rating ☆ ☆ ☆ ☆ ☆

I would do this again?   Yes ☐   No ☐

Bucket List # _____

Title _____
How _____
When _____
Where _____
Who _____

Planning Ideas

Memories

The Best Part

Completed ☐   Rating ☆ ☆ ☆ ☆ ☆

I would do this again?   Yes ☐   No ☐

Bucket List # _____

Title _____
How _____
When _____
Where _____
Who _____

Planning Ideas

Memories

The Best Part

Completed ☐　　　Rating ☆☆☆☆☆

I would do this again?　Yes ☐　No ☐

Bucket List # _____

Title _____
How _____
When _____
Where _____
Who _____

Planning Ideas

Memories

The Best Part

Completed ☐   Rating ☆ ☆ ☆ ☆ ☆

I would do this again?   Yes ☐   No ☐

Bucket List # _____

Title _____
How _____
When _____
Where _____
Who _____

Planning Ideas

Memories

The Best Part

Completed ☐   Rating ☆ ☆ ☆ ☆ ☆

I would do this again?   Yes ☐   No ☐

Bucket List # _____

Title _____
How _____
When _____
Where _____
Who _____

Planning Ideas

Memories

The Best Part

Completed ☐   Rating ☆ ☆ ☆ ☆ ☆

I would do this again?   Yes ☐   No ☐

Bucket List # _____

Title _____
How _____
When _____
Where _____
Who _____

Planning Ideas

Memories

The Best Part

Completed ☐   Rating ☆ ☆ ☆ ☆ ☆

I would do this again?   Yes ☐   No ☐

Bucket List # _____

Title _____
How _____
When _____
Where _____
Who _____

Planning Ideas

Memories

The Best Part

Completed ☐   Rating ☆ ☆ ☆ ☆ ☆

I would do this again?   Yes ☐   No ☐

Bucket List # _____

Title _____
How _____
When _____
Where _____
Who _____

Planning Ideas

Memories

The Best Part

Completed ☐   Rating ☆ ☆ ☆ ☆ ☆

I would do this again?   Yes ☐   No ☐

Bucket List # _____

Title _____
How _____
When _____
Where _____
Who _____

Planning Ideas

Memories

The Best Part

Completed ☐   Rating ☆ ☆ ☆ ☆ ☆

I would do this again?   Yes ☐   No ☐

Bucket List # _____

Title _____
How _____
When _____
Where _____
Who _____

Planning Ideas

Memories

The Best Part

Completed ☐   Rating ☆ ☆ ☆ ☆ ☆

I would do this again?   Yes ☐   No ☐

Bucket List # _____

Title _____
How _____
When _____
Where _____
Who _____

Planning Ideas

Memories

The Best Part

Completed ☐   Rating ☆☆☆☆☆

I would do this again?   Yes ☐   No ☐

Bucket List # _____

Title _____
How _____
When _____
Where _____
Who _____

Planning Ideas

Memories

The Best Part

Completed ☐   Rating ☆ ☆ ☆ ☆ ☆

I would do this again?   Yes ☐   No ☐

Bucket List # _____

Title _____
How _____
When _____
Where _____
Who _____

Planning Ideas

Memories

The Best Part

Completed ☐   Rating ☆ ☆ ☆ ☆ ☆

I would do this again?   Yes ☐   No ☐

Bucket List # _____

Title _____
How _____
When _____
Where _____
Who _____

Planning Ideas

Memories

The Best Part

Completed ☐   Rating ☆ ☆ ☆ ☆ ☆

I would do this again?   Yes ☐   No ☐

Bucket List # _____

Title _____
How _____
When _____
Where _____
Who _____

Planning Ideas

Memories

The Best Part

Completed ☐   Rating ☆ ☆ ☆ ☆ ☆

I would do this again?   Yes ☐   No ☐

Bucket List # _____

Title _____
How _____
When _____
Where _____
Who _____

Planning Ideas

Memories

The Best Part

Completed ☐   Rating ☆ ☆ ☆ ☆ ☆

I would do this again?   Yes ☐   No ☐

Bucket List # _____

Title _____
How _____
When _____
Where _____
Who _____

Planning Ideas

Memories

The Best Part

Completed ☐   Rating ☆ ☆ ☆ ☆ ☆

I would do this again?   Yes ☐   No ☐

Bucket List # _____

Title _____
How _____
When _____
Where _____
Who _____

Planning Ideas

Memories

The Best Part

Completed ☐   Rating ☆ ☆ ☆ ☆ ☆

I would do this again?   Yes ☐   No ☐

Bucket List # _____

Title _____
How _____
When _____
Where _____
Who _____

Planning Ideas

Memories

The Best Part

Completed ☐   Rating ☆ ☆ ☆ ☆ ☆

I would do this again?   Yes ☐   No ☐

Bucket List # _____

Title _____
How _____
When _____
Where _____
Who _____

Planning Ideas

Memories

The Best Part

Completed ☐   Rating ☆ ☆ ☆ ☆ ☆

I would do this again?   Yes ☐   No ☐

Bucket List # _____

Title _____
How _____
When _____
Where _____
Who _____

Planning Ideas

Memories

The Best Part

Completed ☐   Rating ☆ ☆ ☆ ☆ ☆

I would do this again?   Yes ☐   No ☐

Bucket List # _____

Title _____
How _____
When _____
Where _____
Who _____

Planning Ideas

Memories

The Best Part

Completed ☐   Rating ☆ ☆ ☆ ☆ ☆

I would do this again?   Yes ☐   No ☐

Bucket List # _____

Title _____
How _____
When _____
Where _____
Who _____

Planning Ideas

Memories

The Best Part

Completed ☐   Rating ☆ ☆ ☆ ☆ ☆

I would do this again?   Yes ☐   No ☐

Bucket List # _____

Title _____
How _____
When _____
Where _____
Who _____

Planning Ideas

Memories

The Best Part

Completed ☐   Rating ☆ ☆ ☆ ☆ ☆

I would do this again?   Yes ☐   No ☐

Bucket List # _____

Title _____
How _____
When _____
Where _____
Who _____

Planning Ideas

Memories

The Best Part

Completed ☐   Rating ☆ ☆ ☆ ☆ ☆

I would do this again?   Yes ☐   No ☐

Bucket List # _____

Title _____
How _____
When _____
Where _____
Who _____

Planning Ideas

Memories

The Best Part

Completed ☐   Rating ☆ ☆ ☆ ☆ ☆

I would do this again?   Yes ☐   No ☐

Bucket List # _____

Title _____
How _____
When _____
Where _____
Who _____

Planning Ideas

Memories

The Best Part

Completed ☐   Rating ☆ ☆ ☆ ☆ ☆

I would do this again?   Yes ☐   No ☐

Bucket List # _____

Title _____
How _____
When _____
Where _____
Who _____

Planning Ideas

Memories

The Best Part

Completed ☐   Rating ☆ ☆ ☆ ☆ ☆

I would do this again?   Yes ☐   No ☐

Bucket List # _____

Title _____
How _____
When _____
Where _____
Who _____

Planning Ideas

Memories

The Best Part

Completed ☐   Rating ☆ ☆ ☆ ☆ ☆

I would do this again?   Yes ☐   No ☐

Bucket List # _____

Title _____
How _____
When _____
Where _____
Who _____

Planning Ideas

Memories

The Best Part

Completed ☐   Rating ☆ ☆ ☆ ☆ ☆

I would do this again?   Yes ☐   No ☐

Bucket List # _____

Title _____
How _____
When _____
Where _____
Who _____

Planning Ideas

Memories

The Best Part

Completed ☐   Rating ☆ ☆ ☆ ☆ ☆

I would do this again?   Yes ☐   No ☐

Bucket List # _____

Title _____
How _____
When _____
Where _____
Who _____

Planning Ideas

Memories

The Best Part

Completed ☐   Rating ☆☆☆☆☆

I would do this again?   Yes ☐   No ☐

Bucket List # _____

Title _____
How _____
When _____
Where _____
Who _____

Planning Ideas

Memories

The Best Part

Completed ☐   Rating ☆ ☆ ☆ ☆ ☆

I would do this again?   Yes ☐   No ☐

Bucket List # _____

Title _____
How _____
When _____
Where _____
Who _____

Planning Ideas

Memories

The Best Part

Completed ☐   Rating ☆ ☆ ☆ ☆ ☆

I would do this again?   Yes ☐   No ☐

Bucket List # _____

Title _____

How _____

When _____

Where _____

Who _____

Planning Ideas

Memories

The Best Part

Completed ☐   Rating ☆ ☆ ☆ ☆ ☆

I would do this again?   Yes ☐   No ☐

Bucket List # _____

Title _____
How _____
When _____
Where _____
Who _____

Planning Ideas

Memories

The Best Part

Completed ☐   Rating ☆ ☆ ☆ ☆ ☆

I would do this again?   Yes ☐   No ☐

Bucket List # _____

Title _____
How _____
When _____
Where _____
Who _____

Planning Ideas

Memories

The Best Part

Completed ☐   Rating ☆ ☆ ☆ ☆ ☆

I would do this again?   Yes ☐   No ☐

Bucket List # _____

Title _____
How _____
When _____
Where _____
Who _____

Planning Ideas

Memories

The Best Part

Completed ☐   Rating ☆ ☆ ☆ ☆ ☆

I would do this again?   Yes ☐   No ☐

Bucket List # _____

Title _____

How _____

When _____

Where _____

Who _____

Planning Ideas

Memories

The Best Part

Completed ☐   Rating ☆ ☆ ☆ ☆ ☆

I would do this again?   Yes ☐   No ☐

Bucket List # _____

Title _____
How _____
When _____
Where _____
Who _____

Planning Ideas

Memories

The Best Part

Completed ☐   Rating ☆ ☆ ☆ ☆ ☆

I would do this again?   Yes ☐   No ☐

Bucket List # _____

Title _____
How _____
When _____
Where _____
Who _____

Planning Ideas

Memories

The Best Part

Completed ☐   Rating ☆ ☆ ☆ ☆ ☆

I would do this again?   Yes ☐   No ☐

Bucket List # _____

Title _____
How _____
When _____
Where _____
Who _____

Planning Ideas

Memories

The Best Part

Completed ☐   Rating ☆ ☆ ☆ ☆ ☆

I would do this again?   Yes ☐   No ☐

Bucket List # _____

Title _____
How _____
When _____
Where _____
Who _____

Planning Ideas

Memories

The Best Part

Completed ☐   Rating ☆ ☆ ☆ ☆ ☆

I would do this again?   Yes ☐   No ☐

Bucket List # _____

Title _____
How _____
When _____
Where _____
Who _____

Planning Ideas

Memories

The Best Part

Completed ☐   Rating ☆ ☆ ☆ ☆ ☆

I would do this again?   Yes ☐   No ☐

Bucket List # _____

Title _____
How _____
When _____
Where _____
Who _____

Planning Ideas

Memories

The Best Part

Completed ☐   Rating ☆ ☆ ☆ ☆ ☆

I would do this again?   Yes ☐   No ☐

Bucket List # _____

Title _____
How _____
When _____
Where _____
Who _____

Planning Ideas

Memories

The Best Part

Completed ☐   Rating ☆ ☆ ☆ ☆ ☆

I would do this again?   Yes ☐   No ☐

Bucket List # _____

Title _____
How _____
When _____
Where _____
Who _____

Planning Ideas

Memories

The Best Part

Completed ☐   Rating ☆ ☆ ☆ ☆ ☆

I would do this again?   Yes ☐   No ☐

Bucket List # _____

Title _____
How _____
When _____
Where _____
Who _____

Planning Ideas

Memories

The Best Part

Completed ☐   Rating ☆ ☆ ☆ ☆ ☆

I would do this again?   Yes ☐   No ☐

Bucket List # _____

Title _____
How _____
When _____
Where _____
Who _____

Planning Ideas

Memories

The Best Part

Completed ☐   Rating ☆ ☆ ☆ ☆ ☆

I would do this again?   Yes ☐   No ☐

Bucket List # _____

Title _____
How _____
When _____
Where _____
Who _____

Planning Ideas

Memories

The Best Part

Completed ☐   Rating ☆ ☆ ☆ ☆ ☆

I would do this again?   Yes ☐   No ☐

Bucket List # _____

Title _____
How _____
When _____
Where _____
Who _____

Planning Ideas

Memories

The Best Part

Completed ☐   Rating ☆ ☆ ☆ ☆ ☆

I would do this again?   Yes ☐   No ☐

Bucket List # _____

Title _____
How _____
When _____
Where _____
Who _____

Planning Ideas

Memories

The Best Part

Completed ☐   Rating ☆ ☆ ☆ ☆ ☆

I would do this again?   Yes ☐   No ☐

Bucket List # _____

Title _____
How _____
When _____
Where _____
Who _____

Planning Ideas

Memories

The Best Part

Completed ☐   Rating ☆ ☆ ☆ ☆ ☆

I would do this again?   Yes ☐   No ☐

Bucket List # _____

Title _____
How _____
When _____
Where _____
Who _____

- Planning Ideas

- Memories

- The Best Part

Completed ☐   Rating ☆ ☆ ☆ ☆ ☆

I would do this again?   Yes ☐   No ☐

Bucket List # _____

Title _____
How _____
When _____
Where _____
Who _____

Planning Ideas

Memories

The Best Part

Completed ☐   Rating ☆☆☆☆☆

I would do this again?   Yes ☐   No ☐

Bucket List # _____

Title _____
How _____
When _____
Where _____
Who _____

Planning Ideas

Memories

The Best Part

Completed ☐   Rating ☆ ☆ ☆ ☆ ☆

I would do this again?   Yes ☐   No ☐

Bucket List # _____

Title _____
How _____
When _____
Where _____
Who _____

Planning Ideas

Memories

The Best Part

Completed ☐   Rating ☆ ☆ ☆ ☆ ☆

I would do this again?   Yes ☐   No ☐

Bucket List # _____

Title _____
How _____
When _____
Where _____
Who _____

Planning Ideas

Memories

The Best Part

Completed ☐   Rating ☆ ☆ ☆ ☆ ☆

I would do this again?   Yes ☐   No ☐

Bucket List # _____

Title _____
How _____
When _____
Where _____
Who _____

Planning Ideas

Memories

The Best Part

Completed ☐   Rating ☆ ☆ ☆ ☆ ☆

I would do this again?   Yes ☐   No ☐

Bucket List # _____

Title _____
How _____
When _____
Where _____
Who _____

Planning Ideas

Memories

The Best Part

Completed ☐   Rating ☆ ☆ ☆ ☆ ☆

I would do this again?   Yes ☐   No ☐

Bucket List # _____

Title _____
How _____
When _____
Where _____
Who _____

Planning Ideas

Memories

The Best Part

Completed ☐   Rating ☆ ☆ ☆ ☆ ☆

I would do this again?   Yes ☐   No ☐

Bucket List # _____

Title _____
How _____
When _____
Where _____
Who _____

Planning Ideas

Memories

The Best Part

Completed ☐   Rating ☆ ☆ ☆ ☆ ☆

I would do this again?   Yes ☐   No ☐

Bucket List # _____

Title _____
How _____
When _____
Where _____
Who _____

Planning Ideas

Memories

The Best Part

Completed ☐   Rating ☆ ☆ ☆ ☆ ☆

I would do this again?   Yes ☐   No ☐

Bucket List # _____

Title _____
How _____
When _____
Where _____
Who _____

Planning Ideas

Memories

The Best Part

Completed ☐   Rating ☆ ☆ ☆ ☆ ☆

I would do this again?   Yes ☐   No ☐

Bucket List # _____

Title _____
How _____
When _____
Where _____
Who _____

Planning Ideas

Memories

The Best Part

Completed ☐   Rating ☆ ☆ ☆ ☆ ☆

I would do this again?   Yes ☐   No ☐

Bucket List # _____

Title _____
How _____
When _____
Where _____
Who _____

Planning Ideas

Memories

The Best Part

Completed ☐   Rating ☆ ☆ ☆ ☆ ☆

I would do this again?   Yes ☐   No ☐

Bucket List # _____

Title _____
How _____
When _____
Where _____
Who _____

Planning Ideas

Memories

The Best Part

Completed ☐   Rating ☆ ☆ ☆ ☆ ☆

I would do this again?   Yes ☐   No ☐

Bucket List # _____

Title _____
How _____
When _____
Where _____
Who _____

Planning Ideas

Memories

The Best Part

Completed ☐   Rating ☆ ☆ ☆ ☆ ☆

I would do this again?   Yes ☐   No ☐

Bucket List # _____

Title _____
How _____
When _____
Where _____
Who _____

Planning Ideas

Memories

The Best Part

Completed ☐   Rating ☆ ☆ ☆ ☆ ☆

I would do this again?   Yes ☐   No ☐

Bucket List # _____

Title _____
How _____
When _____
Where _____
Who _____

Planning Ideas

Memories

The Best Part

Completed ☐   Rating ☆ ☆ ☆ ☆ ☆

I would do this again?   Yes ☐   No ☐

Bucket List # _____

Title _____
How _____
When _____
Where _____
Who _____

Planning Ideas

Memories

The Best Part

Completed ☐   Rating ☆ ☆ ☆ ☆ ☆

I would do this again?   Yes ☐   No ☐

Bucket List # _____

Title _____
How _____
When _____
Where _____
Who _____

Planning Ideas

Memories

The Best Part

Completed ☐   Rating ☆ ☆ ☆ ☆ ☆

I would do this again?   Yes ☐   No ☐

Bucket List # _____

Title _____

How _____

When _____

Where _____

Who _____

Planning Ideas

Memories

The Best Part

Completed ☐   Rating ☆ ☆ ☆ ☆ ☆

I would do this again?   Yes ☐   No ☐

Bucket List # _____

Title _____
How _____
When _____
Where _____
Who _____

Planning Ideas

Memories

The Best Part

Completed ☐   Rating ☆ ☆ ☆ ☆ ☆

I would do this again?   Yes ☐   No ☐

Bucket List # _____

Title _____
How _____
When _____
Where _____
Who _____

Planning Ideas

Memories

The Best Part

Completed ☐   Rating ☆ ☆ ☆ ☆ ☆

I would do this again?   Yes ☐   No ☐

Bucket List # _____

Title _____
How _____
When _____
Where _____
Who _____

Planning Ideas

Memories

The Best Part

Completed ☐   Rating ☆ ☆ ☆ ☆ ☆

I would do this again?   Yes ☐   No ☐

Bucket List # _____

Title _____
How _____
When _____
Where _____
Who _____

Planning Ideas

Memories

The Best Part

Completed ☐   Rating ☆ ☆ ☆ ☆ ☆

I would do this again?   Yes ☐   No ☐

Bucket List # _____

Title _____
How _____
When _____
Where _____
Who _____

Planning Ideas

Memories

The Best Part

Completed ☐   Rating ☆ ☆ ☆ ☆ ☆

I would do this again?   Yes ☐   No ☐

Bucket List # _____

Title _____
How _____
When _____
Where _____
Who _____

Planning Ideas

Memories

The Best Part

Completed ☐   Rating ☆ ☆ ☆ ☆ ☆

I would do this again?   Yes ☐   No ☐

Bucket List # _____

Title _____
How _____
When _____
Where _____
Who _____

Planning Ideas

Memories

The Best Part

Completed ☐   Rating ☆ ☆ ☆ ☆ ☆

I would do this again?   Yes ☐   No ☐

Bucket List # _____

Title _____
How _____
When _____
Where _____
Who _____

Planning Ideas

Memories

The Best Part

Completed ☐   Rating ☆ ☆ ☆ ☆ ☆

I would do this again?   Yes ☐   No ☐

Bucket List # _____

Title _____
How _____
When _____
Where _____
Who _____

Planning Ideas

Memories

The Best Part

Completed ☐ Rating ☆ ☆ ☆ ☆ ☆

I would do this again? Yes ☐   No ☐

Bucket List # _____

Title _____
How _____
When _____
Where _____
Who _____

Planning Ideas

Memories

The Best Part

Completed ☐   Rating ☆ ☆ ☆ ☆ ☆

I would do this again?   Yes ☐   No ☐

Bucket List # _____

Title _____
How _____
When _____
Where _____
Who _____

Planning Ideas

Memories

The Best Part

Completed ☐   Rating ☆ ☆ ☆ ☆ ☆

I would do this again?   Yes ☐   No ☐

Bucket List # _____

Title _____
How _____
When _____
Where _____
Who _____

Planning Ideas

Memories

The Best Part

Completed ☐   Rating ☆ ☆ ☆ ☆ ☆

I would do this again?   Yes ☐   No ☐

Bucket List # _____

Title _____
How _____
When _____
Where _____
Who _____

Planning Ideas

Memories

The Best Part

Completed ☐   Rating ☆ ☆ ☆ ☆ ☆

I would do this again?   Yes ☐   No ☐

Bucket List # _____

Title _____
How _____
When _____
Where _____
Who _____

Planning Ideas

Memories

The Best Part

Completed ☐   Rating ☆ ☆ ☆ ☆ ☆

I would do this again?   Yes ☐   No ☐

Bucket List # _____

Title _____
How _____
When _____
Where _____
Who _____

Planning Ideas

Memories

The Best Part

Completed ☐ Rating ☆ ☆ ☆ ☆ ☆

I would do this again? Yes ☐ No ☐

Bucket List # _____

Title _____
How _____
When _____
Where _____
Who _____

Planning Ideas

Memories

The Best Part

Completed ☐   Rating ☆ ☆ ☆ ☆ ☆

I would do this again?   Yes ☐   No ☐

Bucket List # _____

Title _____
How _____
When _____
Where _____
Who _____

Planning Ideas

Memories

The Best Part

Completed ☐   Rating ☆ ☆ ☆ ☆ ☆

I would do this again?   Yes ☐   No ☐

Bucket List # _____

Title _____
How _____
When _____
Where _____
Who _____

Planning Ideas

Memories

The Best Part

Completed ☐   Rating ☆ ☆ ☆ ☆ ☆

I would do this again?   Yes ☐   No ☐

Bucket List # _____

Title _____
How _____
When _____
Where _____
Who _____

Planning Ideas

Memories

The Best Part

Completed ☐   Rating ☆ ☆ ☆ ☆ ☆

I would do this again?   Yes ☐   No ☐

Bucket List # _____

Title _____
How _____
When _____
Where _____
Who _____

Planning Ideas

Memories

The Best Part

Completed ☐   Rating ☆ ☆ ☆ ☆ ☆

I would do this again?   Yes ☐   No ☐

Bucket List # _____

Title _____
How _____
When _____
Where _____
Who _____

Planning Ideas

Memories

The Best Part

Completed ☐   Rating ☆ ☆ ☆ ☆ ☆

I would do this again?   Yes ☐   No ☐

Bucket List # _____

Title _____
How _____
When _____
Where _____
Who _____

Planning Ideas

Memories

The Best Part

Completed ☐   Rating ☆ ☆ ☆ ☆ ☆

I would do this again?   Yes ☐   No ☐

Bucket List # _____

Title _____
How _____
When _____
Where _____
Who _____

Planning Ideas

Memories

The Best Part

Completed ☐   Rating ☆ ☆ ☆ ☆ ☆

I would do this again?   Yes ☐   No ☐

www.ingramcontent.com/pod-product-compliance
Lightning Source LLC
Chambersburg PA
CBHW081156070526
44583CB00021B/2865